ASTÉRIX
ET
LES NORMANDS

TEXTE DE GOSCINNY

DESSINS DE UDERZO

DARGAUD ÉDITEUR

PARIS · BARCELONE · LAUSANNE · LONDRES · MILAN · MONTREAL · NEW YORK · STUTTGART

DANS LE MONDE - ASTERIX EN LANGUES ETRANGERES

AFRIQUE DU SUD
Hodder Dargaud, PO Box 32213, Braamfontein Centre, Braamfontein 2017, Johannesburg, Afrique du Sud

AMERIQUE HISPANOPHONE
Grijalbo-Dargaud S.A., Deu y Mata 98-102, Barcelone 29, Espagne

AUSTRALIE
Hodder Dargaud, 2 Apollo Place, Lane Cove, New South Wales 2066, Australie

AUTRICHE
Delta Verlag, Postfach 1215, 7 Stuttgart 1, R.F.A.

BELGIQUE
Dargaud Benelux, 3 rue Kindermans, 1050 Bruxelles, Belgique

BRESIL
Cedibra, Rua Filomena Nunes 162, Rio de Janeiro, Brésil

CANADA
Dargaud Canada Limitée, 307 Benjamin Hudon, St-Laurent, Montréal PQ H4 N1J1, Canada

DANEMARK
Gutenberghus Bladene, Vognmagergade 11, 1148 Copenhague K, Danemark

EMPIRE ROMAIN
Delta Verlag, Postfach 1215, 7 Stuttgart 1, R.F.A. (Latin)

ESPAGNE
Grijalbo-Dargaud S.A., Deu y Mata 98-102, Barcelone 29, Espagne

ESPERANTO
Delta Verlag, Postfach 1215, 7 Stuttgart 1, R.F.A.

ETATS-UNIS D'AMERIQUE
Dargaud International Publishing Inc., 535 Fifth Avenue, New York 10017, N.Y., U.S.A.

FINLANDE
Sanoma Osakeyhtio, Ludviginkatu 2-10, 00130 Helsinki 13, Finlande

HOLLANDE
Dargaud Benelux, 3 rue Kindermans, 1050 Bruxelles, Belgique
Distribution : Oberon, Ceylonpoort 5/25, Haarlem, Hollande

HONG KONG
Hodder Dargaud, c/o United Publishers Book Services, Stanhope House, 7th Floor, 734 King's Road, Hong Kong

HONGRIE
Nip Forum, Vojvode Misica 1-3, 2100 Novi Sad, Yougoslavie

INDE
Gowarsons Publishers Private Ltd., Gulas House, Mayapuri, New Delhi 1100 64, Inde

INDONESIE
Penerbit Sinar Harapan, J1, Dewi Sartika 136 D, PO Box 015 JNG, Jakarta, Indonésie

ISLANDE
Fjolvi HF, Njorvasund 15a, Reykjavik, Islande

ISRAEL
Dahlia Pelled Publishers, 5 Hamekoubalim St. Herzeliah 46447, Israel

ITALIE
Dargaud Italia, Piazza Velasca 5, 20122 Milan, Italie

NORVEGE
A/S Hjemmet (Groupement Guntenberghus), Kristian den 4des Gate 13, Oslo 1, Norvège

NOUVELLE-ZELANDE
Hodder Dargaud, PO Box 3858, Auckland 1, Nouvelle-Zélande

PAYS DE GALLES
Gwasg y Dref Wen, 28 Church Road, Whitchurch, Cardiff, Pays de Galles

PORTUGAL
Meriberica, Avenida Alvares Cabral 84-1º Dto, 1296 Lisbonne Codex, Portugal

REPUBLIQUE FEDERALE ALLEMANDE
Delta Verlag, Postfach 1215, 7 Stuttgart 1, R.F.A.

ROYAUME-UNI
Hodder Dargaud, Mill Road, Dunton Green, Sevenoaks, Kent TN13 2XX, Angleterre

SUEDE
Hemmets Journal Forlag (Groupement Gutenberghus), Fack 200 22 Malmo, Suède

SUISSE
Interpress Dargaud S.A., En Budron B, 1052 Le Mont/Lausanne, Suisse

TURQUIE
Kervan Kitabcilik, Basin Sanayii ve Ticaret AS, Tercuman Tesisleri, Topkapi-Istanbul, Turquie

YOUGOSLAVIE
Nip Forum, Vojvode Misica 1-3, 2100 Novi Sad, Yougoslavie

Dépôt légal : Juillet 1983 – N° imp. : E83/13235
I S B N 2-205-00190-6
Imprimé en France en mai 1983 par Maury-Imprimeur S.A., Malesherbes
Printed in France

VILLAGE GAVLOIS

PETIBONVM

AQVARIVM

LAVDANVM

BABAORVM

ARMORIQVE

BELGIQVE

LVTÈCE

SPQR

GAVLE
(CONQVÊTE ROMAINE)
50 avant J.C.

CELTIQVE

AQVITAINE

*PROVINCE
ROMAINE*

Nous sommes en 50 avant Jésus-Christ. Toute la Gaule est occupée par les Romains... Toute? Non! Un village peuplé d'irréductibles Gaulois résiste encore et toujours à l'envahisseur. Et la vie n'est pas facile pour les garnisons de légionnaires romains des camps retranchés de Babaorum, Aquarium, Laudanum et Petitbonum...

QUELQUES GAULOIS...

Astérix, le héros de ces aventures. Petit guerrier à l'esprit malin, à l'intelligence vive, toutes les missions périlleuses lui sont confiées sans hésitation. Astérix tire sa force surhumaine de la potion magique du druide Panoramix...

Obélix, est l'inséparable ami d'Astérix. Livreur de menhirs de son état, grand amateur de sangliers, Obélix est toujours prêt à tout abandonner pour suivre Astérix dans une nouvelle aventure. Pourvu qu'il y ait des sangliers et de belles bagarres.

Panoramix, le druide vénérable du village, cueille le gui et prépare des potions magiques. Sa plus grande réussite est la potion qui donne une force surhumaine au consommateur. Mais Panoramix a d'autres recettes en réserve...

Assurancetourix, c'est le barde. Les opinions sur son talent sont partagées : lui, il trouve qu'il est génial, tous les autres pensent qu'il est innommable. Mais quand il ne dit rien, c'est un gai compagnon, fort apprécié...

Abraracourcix, enfin, est le chef de la tribu. Majestueux, courageux, ombrageux, le vieux guerrier est respecté par ses hommes, craint par ses ennemis. Abraracourcix ne craint qu'une chose : c'est que le ciel lui tombe sur la tête, mais comme il le dit lui-même : « C'est pas demain la veille ! »

LE DÉBUT D'UN JOUR PAISIBLE DANS LE PETIT VILLAGE QUE NOUS CONNAISSONS BIEN...

TIENS ! C'EST PNEUMATIX, LE COURRIER !

CHÉRIE ! J'AI ENFIN REÇU LE CATALOGUE DE LA MANUFACTURE DES ARMES ET CHARS !

RIEN POUR NOUS, PNEUMATIX ?

NON ! JE N'AI PLUS QU'UN MESSAGE POUR LE CHEF ABRARACOURCIX.

NOUS ALLONS AVEC TOI.

ON PEUT ENVOYER DES MENHIRS PAR LA POSTE ?

OUI, MAIS EN RECOMMANDÉ, POUR ÉVITER QU'ILS SE PERDENT DANS LE TRI.

UNE LETTRE DE LUTÈCE POUR TOI, Ô CHEF ABRARACOURCIX !

AH ! C'EST SANS DOUTE MON FRÈRE OCÉANONIX QUI ME L'ENVOIE... POURTANT, IL NE GRAVE PAS SOUVENT !

OH !

RIEN DE GRAVE, DANS CE QUI EST GRAVÉ, J'ESPÈRE ?

NON. MON FRÈRE OCÉANONIX, QUI HABITE LUTÈCE, A UN FILS, GOUDURIX. OR, IL PARAÎT QUE MON NEVEU S'AMOLLIT AU CONTACT DE LA VIE CITADINE. OCÉANONIX NOUS L'ENVOIE EN VACANCES, AVEC MISSION POUR NOUS D'EN FAIRE UN HOMME.

EH BIEN, JE COMPTE SUR VOUS, MES AMIS !

QUAND ON EN AURA FINI AVEC LUI, IL CHASSERA LE SANGLIER À COUPS DE POING !

AH ? IL Y A UNE AUTRE MÉTHODE ?

ATTENTION!

PAR TOUTATIS!

MAIS, IL EST FOU!

COTCOTCOTCOT! KAÏ KAÏ KAÏ KAÏ

JE VAIS LUI JETER À LA TÊTE MON CATALOGUE DE LA MANUFACTURE DES ARMES ET CHARS, MOI !...

TCHRRRIIIII!

SALUT TONTON! JE SUIS GOUDURIX, TON NEVEU!

?!

EUH... GOUDURIX... SOIS LE BIENVENU... TIENS, JE VAIS TE PRÉSENTER ASTÉRIX ET OBÉLIX...

JE N'AI JAMAIS VU UN CHAR PAREIL...

ÉVIDEMMENT, VOUS NE DEVEZ PAS EN VOIR SOUVENT DES COMME ÇA, PAR ICI... C'EST UN CHAR SPORT FABRIQUÉ À MEDIOLANUM ❋.

❋ MILAN

BON. ON COMMENCE.

ON COMMENCE QUOI ?

BEN, ON COMMENCE À EN FAIRE UN HOMME, ET POUR COMMENCER À EN FAIRE UN HOMME, ON COMMENCE À LUI DONNER DES BAFFES!

MAIS JAMAIS DE LA VIE!

AH! ET ALORS, MONSIEUR ASTÉRIX, COMMENT ALLONS-NOUS COMMENCER À EN FAIRE UN HOMME, SI NOUS NE COMMENÇONS PAS À LUI DONNER DES BAFFES POUR COMMENCER À EN FAIRE UN HOMME ?

ON VA LE METTRE EN CONFIANCE!

GOUDURIX, NOUS ALLONS ORGANISER UN BAL EN TON HONNEUR.

UN BAL ? ON SAIT DONC DANSER CHEZ LES PLIX ❋?

❋ PLOUC GAULOIS

AMUSANT!

OBÉLIX, POUR LE COUP DES BAFFES, JE ME DEMANDE SI TU N'AS PAS RAISON!

AH!

OUAH!

7

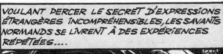

JE PROPOSE QUE NOUS PARTIONS AUJOURD'HUI MÊME VERS LES RIVAGES OÙ L'ON CONNAÎT LA PEUR! NOUS Y SÈMERONS LA DESTRUCTION S'IL LE FAUT MAIS NOUS APPRENDRONS LE SECRET!

OUAIS!

C'EST ÇA!

VIVE GROSSEBAF, NOTRE CHEF!...

ET JE VOUS PROMETS QUE NOUS POURRONS DIRE À LA FACE DU MONDE ADMIRATIF: LES NORMANDS SAVENT CE QU'EST LA PEUR! LES NORMANDS SONT LES PLUS PEUREUX DE TOUS!

QUE L'ON SERVE NOTRE BOISSON NATIONALE, LE CALVA, DANS DES CRÂNES DE VAINCUS! ET JE VEUX DES CRÂNES BIEN PLEINS!

ET CETTE MÊME NUIT, C'EST À DIRE TROIS SEMAINES PLUS TARD UN PUISSANT NAVIRE NORMAND, BOURRÉ DE FÉROCES GUERRIERS, PART POUR SON ÉTRANGE VOYAGE D'ÉTUDES...

VERS QUEL RIVAGE ALLONS-NOUS, Ô, GROSSEBAF?

J'AI CHOISI AU HASARD, CELUI DE LA GAULE, Ô, BATDAF!

ET VOILÀ! LE HASARD FAIT MAL LES CHOSES, CAR NOUS SAVONS NOUS, QUE LES GAULOIS NE SONT PAS SPÉCIALISTES DE LA PEUR, ET MÊME, QU'ILS N'ONT PEUR QUE D'UNE CHOSE, C'EST QUE LE CIEL LEUR TOMBE SUR LA TÊTE... ÉVENTUALITÉ QUI NE TROUBLE PAS LEUR SOMMEIL...

DEBOUT PARESSEUX! LE COQ A DÉJÀ SALUÉ LE SOLEIL LEVANT!

BEN IL N'Y A PLUS BESOIN DE MOI ALORS... LAISSEZ-MOI DORMIR BARBARES!

À LUTÈCE, C'EST L'HEURE OÙ JE ME COUCHE!

OBÉLIX, SI TU L'AIDAIS À SE LEVER?

JE PEUX, ASTÉRIX?

OUOUAAAAH!

PLAF!

C'EST LA PLUS BELLE DESCENTE DE LIT QUE J'AI VUE DEPUIS LONGTEMPS!

VOUS N'AVEZ PAS LE DROIT DE ME FAIRE LEVER DE SI BONNE HEURE! JE SUIS EN VACANCES, MOI!

JUSTEMENT, NOUS ALLONS À LA PLAGE!

À LA PLAGE? MAIS IL PLEUT!

PAS DU TOUT! DANS LE MIDI DE LA GAULE, IL PLEUT. ICI, C'EST TOUT JUSTE UN PEU HUMIDE. VIVIFIANT. PAS VRAI, ASTÉRIX?

CE MATIN, ÇA DEVIENT DE PLUS EN PLUS VIVIFIANT!

ALLEZ! ON VA FAIRE UNE COURSE! LE DERNIER AU ROCHER, C'EST JULES CÉSAR!

UNE... DEUX...

PARTEZ!

TCHOF!

NOUS AVONS GAGNÉ!

ÇA VAUT PAS! VOUS AVEZ TRICHÉ TOUS LES DEUX!

PAF!

SI MONSIEUR! ÇA VAUT! CE QU'IL Y A, C'EST QUE MONSIEUR ASTÉRIX N'AIME PAS PERDRE!

OUAH! OUAH!

TIENS! VOICI JULES CÉSAR!

JE ME DEMANDE CE QUI POURRAIT L'INTÉRESSER...

BAH! IDÉFIX ET MOI, NOUS ALLONS CHERCHER DES HUÎTRES!...

ÉCOUTE, GOUDURIX...

LÀ!... LÀ!... LÀ!

C'EST UNE NOUVELLE DANSE LUTÉCIENNE?

LE... LE NAVIRE! LÀ!

ET ALORS? C'EST UN NAVIRE. ET APRÈS?

MAIS C'EST UN DRAKKAR NORMAND! LES NORMANDS SONT TERRIBLES! DES PIRATES ASSOIFFÉS DE SANG!!!

AH?.. TU CROIS?... EH BIEN, IL N'Y A PAS DE RAISON DE S'ÉNERVER. NOUS ALLONS DEMANDER CONSEIL AU VILLAGE...

SCRÀTCH SCRÀTCH

OBÉLIX, TU TOMBES BIEN... TU VOIS CETTE VOILE, LÀ-BAS?...

IL PARAÎT QUE CE SONT DES PIRATES...

CHIC!

TCHOF!

TCHOF!

TCHOF!

TCHOF!

MAIS NON, OBÉLIX, REVIENS! NOUS RETOURNONS AU VILLAGE!

OUAH! OUAH!

MAIS LES PIRATES SONT LÀ-BAS!

JUSTEMENT! C'EST POUR ÇA QUE NOUS ALLONS AU VILLAGE!

SI ON NE PEUT PAS EN PROFITER, CE N'EST PAS LA PEINE DE VIVRE AU BORD DE LA MER!

?

ILS APPROCHENT! ILS APPROCHENT!!!

ILS SONT FOUS, CES LUTÉCIENS! ILS SE METTENT À COURIR APRÈS LA FIN DE LA COURSE... MOI, JE NE COURS PLUS; JE ME SENS UN PEU LOURD APRÈS TOUTES LES DOUZAINES D'HUÎTRES QUE J'AI MANGÉES.

JE T'AI DÉJÀ DIT, OBÉLIX, QUE LES HUÎTRES, C'EST COMME LES NOIX: ON NE MANGE QUE L'INTÉRIEUR.

MAIS LES NOIX, JE LES MANGE COMME LES HUÎTRES, ENTIÈRES.

LES NO...LES NO...LES NONO...

TU VOIS, C'EST ÇA LA VIE DE L'UTÈCE: TOUJOURS COURIR, TOUJOURS COURIR, NE JAMAIS PRENDRE LE TEMPS DE VIVRE!

OUI, J'AIMERAIS BIEN VISITER, MAIS JE NE POURRAIS PAS Y HABITER!

AH! JE TE CHERCHAIS. J'AI RÉFLÉCHI AU SUJET DU MALHEUR QUE JE POURRAIS FAIRE À LUTÈ...

COOOOOOT!

GLOUGLOU...

GODÉÉC!

QU'EST-CE QU'IL A?

IL PARAÎT QUE LES NORMANDS VEULENT NOUS ENVAHIR.

NOUS ALLONS EN PARLER AU CHEF ABRARACOURCIX. GOUDURIX DOIT DÉJÀ ÊTRE CHEZ LUI.

AH, TRÈS BIEN. IL FAUT QUE JE LUI PARLE AU SUJET DE L'OLYMPIX.

PEU APRÈS...

BON. ASTÉRIX ET OBÉLIX, ALLEZ VOIR CE QUE FONT LES NORMANDS. S'ILS DÉBARQUENT, NOUS LES REJETONS À LA MER.

TU CROIS QU'ILS VONT DÉBARQUER, ASTÉRIX? TU CROIS? DIS, TU CROIS?

JE VAIS PRÉPARER UN PEU DE POTION MAGIQUE, À TOUT HASARD...

PSSST. IL FAUT QUE JE TE PARLE...

ET À PART ÇA, TU T'AMUSES BIEN, ICI, GOUDURIX? TU NE REGRETTES PAS TROP LUTÈCE? TU TE PLAIS, CHEZ NOUS?

MAIS...MAIS EST-CE QUE VOUS SAVEZ CE QUE SONT LES NORMANDS?

BIEN SÛR. CE SONT DES GUERRIERS FÉRO-CES ET, COMME NOUS, ILS IGNORENT LA PEUR...

TU SAIS, CE N'EST PAS PARCE QUE NOUS HABITONS EN PROVINCE QUE NOUS NE NOUS TENONS PAS AU COURANT!

DES FOUS! JE SUIS CHEZ DES FOUS!

BON. ON PEUT PARLER DE MON AVENIR, MAINTENANT?

13

RETOURNONS À LA PLAGE VOIR CE QUE FONT LES NORMANDS.

DIS, ASTÉRIX, ON POURRAIT PEUT-ÊTRE TROUVER UNE ASTUCE POUR LES FAIRE DÉBARQUER? HMM? HMM?

MAIS IL N'EST PAS NÉCESSAIRE DE TROUVER DES ASTUCES... AU RYTHME DE LEURS SAUVAGES CHANTS GUERRIERS, LES NORMANDS DÉBARQUENT EN GAULE!

JE VEUX REVOIR MA NORMANDiiiiiE!!!

NOUS ALLONS ÉTABLIR NOTRE CAMP SUR CETTE PLAGE! COMMENCEZ À CREUSER DES TROUS POUR PLANTER LES PIQUETS. DE BEAUX TROUS NORMANDS!

PARAF! ÉPITAF! CÉNOTAF! COMPLÈTEMENPAF! BELLEGAF! MATAF! BATDAF!... AU TRAVAIL!

HMMHMHIHIHI!

CHUT! OBÉLIX!

MAIS LE CHEF A DIT QU'ON LES REJETTE À LA MER, SI...

NON, OBÉLIX! LE CHEF A DIT QU'ON LE PRÉVIENNE ET NOUS ALLONS LE PRÉVENIR!

PENDANT CE TEMPS...

MAIS ENFIN, GOUDURIX, AU LIEU DE RESTER ICI À NE RIEN FAIRE, POURQUOI NE VAS-TU PAS REJOINDRE TES AMIS SUR LA PLAGE?

PAR-CE-QU'IL-Y-A-DES-NOR-MAAAANDS!

Ô, ABRARACOURCIX, NOTRE CHEF, LES NORMANDS ONT DÉBARQUÉ!

AAAAAAAH!

...ET ILS ONT TOUS DES NOMS RIGOLOS... HIHIHIHI!... TOUS DES NOMS QUI SE TERMINENT EN "AF"!

OUI! LEUR CHEF S'APPELLE GROSSEBAF!

HA! HA! HA! VOUS AVEZ ENTENDU ÇA, PANORAMIX, ASSURANCETOURIX, BOULIMIX, AVENTURÉPIX, PORQUÉPIX, ALLÉGORIX?

HOHO! HOHO!

HAHAHA

HOHOHO!

FOUS! ILS SONT FOUS! IL FAUT QUE JE PRÉVIENNE LES AUTRES! IL DOIT Y AVOIR QUELQU'UN DE RAISONNABLE DANS LE TAS!

14

DANS LE CAMP DES NORMANDS, OÙ GROSSEBAF ACHÈVE UNE SOLE À LA CRÈME...

BATDAF! TU VAS T'INDRODUIRE DANS LES TERRES ET TU VAS ESSAYER D'ÉPIER LES GAULOIS!...VOIR CE QUE C'EST COMME GENS!

BIEN, Ô GROSSEBAF, MON CHEF!

C'EST ÇA QUI EST INSTRUCTIF DANS LES VOYAGES...SAVOIR COMMENT VIVENT LES HABITANTS, AVANT DE LES MASSACRER.

JE VAIS ME CACHER DANS CETTE FORÊT.

ICI JE SERAI BIEN...TIENS? ON VIENT...

QU'EST-CE QUE LES NORMANDS PEUVENT BIEN FAIRE ICI, ASTÉRIX?

BAH! QUELLE IMPORTANCE? ILS NE NOUS FONT PAS PEUR. RIEN NE NOUS FAIT PEUR. NOUS N'AVONS JAMAIS PEUR.

C'EST GAGNÉ. TOUT CE VOYAGE POUR RIEN!...

TIENS! GOUDURIX! TU VIENS CHASSER LE SANGLIER AVEC NOUS?

COMMENT LES CHASSEZ-VOUS, À LUTÈCE? NOUS ICI, ON LEUR DONNE UNE BAFFE, ET...

NON, NON...JE VOULAIS VOUS DEMANDER UN SERVICE...LE CLIMAT NE ME CONVIENT PAS ET J'AIMERAIS QUE VOUS M'AIDIEZ À CONVAINCRE MON ONCLE, DE ME LAISSER REPARTIR POUR LUTÈCE...

C'EST À CAUSE DES NORMANDS QUE TU VEUX PARTIR, N'EST-CE PAS?

OUIiiiiiii! J'AI PEUR! HORRIBLEMENT PEUR! JE SUIS UN PEUREUX! LE PLUS GRAND PEUREUX DE TOUS! BOUHOUHOU!

MAIS IL NE FAUT PAS AVOIR PEUR, GOUDURIX, NOUS SOMMES LÀ...TU AS PEUR QUAND NOUS SOMMES LÀ?

SNIF!...J'AI MOINS PEUR... SNIF!...

GÂCHEUR!

12

DANS LE CAMP NORMAND, GROSSEBAF ACHÈVE UNE ESCALOPE À LA CRÈME...

AH! TE VOICI DE RETOUR, BATDAF... ALORS?

J'AI VU ET ENTENDU LES GAULOIS, Ô GROSSEBAF! COMME NOUS, ILS IGNORENT LA PEUR!

COMMENT? NOUS AVONS FAIT TOUT CE VOYAGE POUR TOMBER SUR DES IGNARES?!!?

CRAC!

J'AI BIEN ENVIE DE NOUS PASSER TOUS AU FIL DE L'ÉPÉE! ON SE TUE TOUS, ON SE RETROUVE AU BANQUET D'ODIN, ET ON PARLE D'AUTRE CHOSE! ✳

✳ C'EST LÀ L'ORIGINE DE L'EXPRESSION ENCORE UTILISÉE DE NOS JOURS PAR LES HOMMES D'AFFAIRES: "ON SE PASSE UN COUP DE FIL ET ON DÉJEUNE"!

ATTENDS, Ô GROSSEBAF! NE RETIENS PAS ENCORE LA TABLE!

J'AI VU DANS LA FORÊT UN HOMME QUI SE VANTAIT DE CONNAÎTRE LA PEUR... IL DISAIT MÊME QU'IL ÉTAIT CHAMPION DE PEUR...

PAR THOR! UN PROFESSIONNEL! VOILÀ CE QU'IL NOUS FAUT!

L'ENNUI, C'EST QUE QUAND IL EST AVEC LES AUTRES GAULOIS, IL A MOINS PEUR...

QUE L'ON FORME UNE EXPÉDITION POUR LE CAPTURER ET LE SOUSTRAIRE À LA MAUVAISE INFLUENCE DES IGNORANTS!

BIENTÔT, AVEC LA PEUR QUI DONNE DES AILES NOUS VOLERONS... TU PRENDS UN CRÂNE, BATDAF?

AVEC JOIE GROSSEBAF! JE NE REFUSE JAMAIS UN PETIT CRÂNE!

PENDANT CE TEMPS, DANS LE VILLAGE GAULOIS...

JE... J'AI DÉCIDÉ D'ÉCOURTER MES VACANCES ET DE RENTRER À LUTÈCE...

JUSTE AU MOMENT OÙ VONT COMMENCER LES RÉJOUISSANCES DE LA SAISON?... NON, GOUDURIX! RESTE AVEC NOUS! TU APPRENDRAS À TE BATTRE! LES GAULOIS NE FONT PAS DE QUARTIER...

TU VERRAS: IL N'Y A PAS DE QUARTIER GAULOIS!

JUSTEMENT! IL Y A UN QUARTIER LATIN ET J'AIMERAIS LE REVOIR!

13

ALORS, C'EST DÉCIDÉ, GOUDURIX? TU NOUS QUITTES?

ATTENDS, GOUDURIX! J'AI UN PETIT CADEAU POUR TOI!

SOUVENIR D'ARMORIQUE

DOMMAGE... TON PÈRE M'AVAIT DEMANDÉ DE TE FAIRE ACQUÉRIR DES QUALITÉS D'HOMME... DE T'AGUERRIR!

MOI AUSSI J'AIMERAIS MONTER À LUTÈCE...

ACQUÉRIR... AGUERRIR... ÉQUARRIR, OUI!

SOUVE D'ARMO

CRAAAC!

?

ZUT! LA PANNE! À CAUSE DU MENHIR, L'ESSIEU EST CASSÉ... ET POUR TROUVER UN CONCESSION-NAIRE DANS LE COIN!... C'EST ÇA L'ENNUI DES CHARS ÉTRANGERS...

SOUVE D'AR

ET...TOUT PRÈS DE LÀ...

QUELLE CHANCE! L'HOMME QUI CONNAÎT LA PEUR!... IL FAUDRA LE SAISIR AVANT QU'IL S'ENVOLE!

ATTENTION, VOUS AUTRES; LE CHEF A DIT DE LE RAMENER VIVANT!

FINASSER! TOUJOURS FINASSER!

14

18

PAR THOR! PAR ODIN!

MES DIEUX! LES NORMANDS!

LAISSEZ-MOI! LAISSEZ-MOI! SINON, ASTÉRIX ET OBÉLIX ME VENGERONT!

ASTÉRIX? OBÉLIX? QUI C'EST CEUX-LÀ?

ILS SONT TERRIBLES! TOUT LE MONDE TREMBLE DEVANT EUX!

TREMBLER?

ON TREMBLE QUAND ON A FROID!

OU QUAND ON ATTRAPE LA FIÈVRE DES MARAIS, À LA BELLE SAISON!

NON MONSIEUR! NON MONSIEUR! ON TREMBLE QUAND ON A PEUR! VOYEZ PLUTÔT: MOI J'AI PEUR ET...

VITE! IL VA S'ENVOLER!

PITIÉ!

V'LÀ AUTRE CHOSE. C'EST QUOI, ÇA?

T'OCCUPE. C'EST ENCORE UNE DE LEURS INVENTIONS. TAPE, MAIS...

...PAS TROP FORT!

PAFF!

J'ESPÈRE QUE TU NE L'AS PAS TROP ENDOMMAGE, SINON, IL NE NOUS SERVIRA MÊME PAS DE VAISSELLE...

OUAIS. IL SERAIT LE SEUL À AVOIR TRINQUÉ AVEC SON CRÂNE.

MOI, QUAND JE TAPE, JE TAPE!

C'EST DOMMAGE QUE GOUDURIX NE SOIT PLUS LÀ...JE LE TROUVAIS RIGOLO.

BAH! IL EST PARTI SUR UN COUP DE TÊTE...ALLONS DANS LA FORÊT CHASSER LE SANGLIER, ÇA TE CHANGERA LES IDÉES.

MOI J'AIME BIEN LA FORÊT... IL Y A DES SANGLIERS, DES ROMAINS, DES CHAMPIGNONS, DES NORMANDS PEUT-ÊTRE...

ALORS, C'EST D'ACCORD? SI ON TROUVE DES SANGLIERS, DES ROMAINS OU DES NORMANDS, ON LEUR TAPE DESSUS; SI ON TROUVE DES CHAMPIGNONS, ON...

REGARDE! IDÉFIX EST EN ARRÊT! IL A FLAIRÉ QUELQUE CHOSE!

BON. SI C'EST UN SANGLIER, ON PARTAGE; SI C'EST UN ROMAIN OU UN NORMAND, TU ME LE LAISSES; SI C'EST UN CHAMPIGNON, JE TE LE...

SUIVONS-LE!

OH!

LE CHAR DE GOUDURIX!?!

SOUVENIR D'ARMOR

IL EST FORMIDABLE, MON IDÉFIX, HEIN?...JE LUI AI APPRIS À FLAIRER LES MENHIRS POUR QU'IL DEVIENNE UN BON CHIEN DE CHASSE...

J'AI COMMENCÉ PAR DES MENHIRS PARCE QUE ÇA VA MOINS VITE QUE LES LAPINS, PAR EXEMPLE...

L'ESSIEU EST CASSÉ...

C'EST PAS SOLIDE, ÇA. RAPIDE, PEUT-ÊTRE, MAIS PAS SOLIDE. TU METS LE MOINDRE MENHIR DEDANS... ET CRAC!...

ÇA M'ÉTONNERAIT QUE GOUDURIX SOIT PARTI TOUT SEUL DANS LA FORÊT...

BIEN SÛR QUE NON! IL AURAIT EMPORTÉ LE MENHIR AVEC LUI!

DES TRACES DE PAS!...JE CRAINS QUE LES NORMANDS AIENT ENLEVÉ GOUDURIX!

ALLONS PRÉVENIR ABRARA-COURCIX, NOTRE CHEF!

DANS CE CHAR, IL Y AVAIT GOUDURIX ET MON MENHIR ET COMME SOUVENIR, ILS ONT PRÉFÉRÉ GOUDURIX? ILS SONT FOUS, CES NORMANDS!

16

DANS LE CAMP DES NORMANDS OÙ GROSSEBAF ACHÈVE UN POULET À LA CRÈME...

NOUS LE TENONS, Ô GROSSEBAF!

PAR ODIN! ALLONS LE VOIR TOUT DE SUITE, Ô BATDAF!

IL A L'AIR MAL EN POINT, BATDAF!

NOUS L'AVONS CAPTURÉ COMME ON LE FAIT POUR LES OISEAUX, POUR EMPÊCHER QU'ILS S'ENVOLENT, Ô GROSSEBAF... UN COUP DE MASSUE ET PAF!

PRÉSENT!

MAIS NON, ÉPAF! PERSONNE NE T'A APPELÉ.

BON! RANIMEZ-MOI CET OISEAU LÀ, ET RÉUNISSEZ TOUT LE MONDE!

PLAF!

PRÉSENT!

MAIS NON!

QUI?... QUE?... OH!

PAR TOUTATIS, C'EN EST FAIT DE MOI! TOUS CES NORMANDS!...ILS SONT SI NOMBREUX!...ILS ONT L'AIR SI MÉCHANT!... OH! ILS VONT ME TUER...LEUR CHEF S'AVANCE VERS MOI...

FAIS-NOUS PEUR!

P... PLAÎT-T-IL?

FAIS-NOUS PEUR, J'AI DIT!

NOUS SOMMES VENUS DE LOIN POUR CONNAÎTRE LA PEUR, ALORS FAIS-NOUS PEUR!!!

MAIS C'EST UN MALENTENDU! C'EST VOUS QUI ME FAITES PEUR!

MOI, JE TE FAIS PEUR?

?

COMMENT PUIS-JE FAIRE QUELQUE CHOSE QUE J'IGNORE?

ALORS COMME ÇA, EN CE MOMENT, TU AS PEUR?

BEN OUI, J'AI DES SUEURS FROIDES, LA TÊTE VIDE, L'ESTOMAC NOUÉ...

IL A LA GRIPPE. LA PEUR, C'EST LA GRIPPE.

TU AS DÉJA VU LA GRIPPE FAIRE VOLER PAR ODIN!

ALLEZ, QUOI, GAULOIS... FAIS-MOI PEUR QUE JE VOLE UN PEU!

MAIS DE QUOI PARLEZ-VOUS?..

PUISQUE TU REFUSES DE COOPÉRER, DEMAIN NOUS TE JETTERONS DU HAUT D'UNE FALAISE! TU SERAS BIEN OBLIGÉ DE VOLER ET DE NOUS FAIRE UNE DÉMONSTRATION DE TES POUVOIRS!

OH NON! JE VOUS EN SUPPLIE! J'AI TROP PEUR!

GNGNGNGN! M'ÉNERVE! M'ÉNERVE!... AMARREZ-LE POUR QU'IL NE S'ENVOLE PAS PENDANT LA NUIT!

ILS SONT FOUS! COMPLÈTEMENT FOUS! SI UN JOUR JE REVOIS LUTÈCE, LES COPAINS NE ME CROIRONT JAMAIS!

POC! POC!

22

MON NEVEU ENLEVÉ PAR LES NORMANDS?... MAIS QUE PEUVENT-ILS TROUVER D'INTÉRESSANT CHEZ GOUDURIX?

PEUT-ÊTRE QU'ILS VEULENT EMPORTER CHEZ EUX UN ARTICLE DE LUTÈCE?

BON! ASTÉRIX ET OBÉLIX, ALLEZ CHEZ LES NORMANDS VOIR SI GOUDURIX Y EST, ET S'IL Y EST, TÂCHEZ DE SAVOIR POURQUOI IL Y EST!

ASTÉRIX, JE T'AI PRÉPARÉ UN PEU DE POTION MAGIQUE À TOUT HASARD.

MERCI, Ô PANORAMIX NOTRE DRUIDE!

JE...

NON! PAS TOI! TU SAIS BIEN QUE TU N'EN AS PAS BESOIN. SANS POTION, TU ES ASSEZ FORT POUR DÉRACINER UN ARBRE!

MAIS NON, JUSTEMENT! LA POTION N'A PLUS D'EFFETS SUR MOI!... VENEZ VOIR.

HMHIHIHI... JE VAIS FAIRE SEMBLANT DE NE PAS POUVOIR DÉRACINER UN ARBRE ET IL ME DONNERA DE LA POTION! HIHIHI! ÇA C'EST ASTUCIEUX!

REGARDEZ!... VOUS REGARDEZ, HEIN?

ON REGARDE! ON REGARDE!

!?!
...

GRÂÂC!

MÊME EN FAISANT SEMBLANT, JE L'ARRACHE!

HAHAHAHA!

BOUHOUHOUHOU!

MAIS, QU'EST-CE QU'IL A?

IDÉFIX N'AIME PAS QU'ON FASSE DU MAL AUX ARBRES... IL AIME LES ARBRES... JE NE LE FERAI PLUS, IDÉFIX!

SNIF!

24

ILS SONT PLUS SOLIDES QUE LES ROMAINS, TU NE TROUVES PAS ASTÉRIX?

OUI; MOINS ORGANISÉS, MAIS PLUS RÉSISTANTS. ET PUIS, ILS N'ONT PAS PEUR.

ÇA NE VOUS FERAIT RIEN DE NE PAS BAVARDER PENDANT LE COMBAT, NON?

À TOUT DE SUITE!

POF! POF!

EXCUSEZ-MOI!

PAF!

21 A

BANG!

PAF!

BOIS, CINÉMATOGRAF!

TCHAC!
BING!

PAR ODIN, ET PAR...HIPS! THOR!

CALVA

HIPS!

POC!

TU AS VU? ON DIRAIT QU'ILS ONT AUSSI UNE SORTE DE POTION MAGIQUE...

OUAIS! IL N'Y A QUE MOI QUI N'AI PAS LE DROIT D'EN AVOIR! TOUT LE MONDE RIGOLE SAUF MOI, ICI!

NON LOIN DE LÀ, UNE PATROUILLE VEILLE À MAINTENIR LA PAIX ROMAINE DANS LES COINS LES PLUS RECULÉS DE L'EMPIRE...

EH, LE BLEU! POURQUOI AS-TU MIS DES FLEURS À TON PILUM?

C'EST MA PREMIÈRE PATROUILLE!

SI ON LUI FAISAIT CHERCHER LA CLEF DU CHAMP DE TIR À LA CATAPULTE?

BEN MON VIEUX, ELLE N'EST PAS NEUVE, CELLE-LÀ!

21 B

PAF! ★ PAR ODIN! HALTE!

BING! ★ PAR TOUTATIS!

BOUM! PAR THOR!

TCHAC! PAR BÉLÉNOS!

TU AS ENTENDU, ARRÉDEBUS?

OUI, DÉCURION... ON SE BAT SUR LA PLAGE!

PSSST! FAUT METTRE L'ARME AU PIED?

ALLONS-Y!

?!?

EH BIEN, OLIBRIUS, ON FAIT LA FORTE TÊTE?

MAIS... MAIS NON, DÉCURION... JE CROYAIS QU'ON ALLAIT VERS LA PLAGE...

22A

TU ES DANS L'ARMÉE MAINTE-NANT! DE L'ORDRE! DE LA DISCIPLINE! NOUS RETOURNONS AU CAMP RENDRE COMPTE DE LA SITUATION À NOS SUPÉRIEURS!!!

RENDRE COMPTE? MAIS NOUS N'Y SOMMES PAS ALLÉS ET NOUS N'AVONS RIEN VU!

ET PUIS JULES CÉSAR A DIT...

JE NE SAIS PAS CE QUE JULES CÉSAR A DIT, MAIS NE PAS Y ALLER ET NE PAS VOIR, C'EST LE MEILLEUR MOYEN DE NE PAS ÊTRE VAINCUS!

POF! PAF!

BING!

PEU APRÈS, DANS LE CAMP ROMAIN...

POUR QUOI FAIRE?

POUR LE RAPPORT EN TROIS EXEMPLAIRES... ...IL Y A BEAUCOUP DE MARBRERIE DANS L'ARMÉE!

VOICI TROIS PLAQUES DE MARBRE, DÉCURION!

22B

COMMENT ? LA PATROUILLE EST DÉJÀ DE RETOUR ?

BEN OUI, Ô CENTURION... J'ALLAIS JUSTEMENT ÉCRIRE LE RAPPORT...

...EN TROIS EXEMPLAIRES !

LÉGIONNAIRE OLIBRIUS, À VOS ORDRES, CENTURION ! IL Y A DES GENS QUI SE BATTENT SUR LA PLAGE !

CLAC !

EH BIEN, LES ENFANTS, NOUS SOMMES LÀ POUR MAINTENIR L'ORDRE, PAR JUPITER... VOUS ALLEZ DONC RETOURNER SUR CETTE PLAGE ET ARRÊTER LA BAGARRE.

YA DONC EH, FABA !

FABA : SORTE DE FÈVE DONT L'ARMÉE FAISAIT GRANDE CONSOMMATION ; NOS HARICOTS, (VULG. : FAYOTS) ÉTANT ALORS INCONNUS.

MAIS ENFIN, QUAND JE ME SUIS ENGAGÉ, ON M'A DIT...

TU NE CONNAIS PAS LES FOUS QUI HABITENT CETTE RÉGION... TU VAS FAIRE CONNAISSANCE !

ILS... ILS SONT SI OCCUPÉS, QU'ON HÉSITE À LES DÉRANGER...

-HIC !

TCHAC ! POC ! TCHOC !

BON... EH BIEN ON VA Y ALLER...

VIVE LE DÉCURION !

ÇA C'EST UN DÉCURION !

ON EST AVEC VOUS, DÉCURION...

...PAR LA PENSÉE !

VEUILLEZ NOUS...

PIF !

PAF !

VOUS NE VOYEZ PAS QUE NOUS SOMMES OCCUPÉS ! ATTENDEZ VOTRE TOUR !

TCHOC !

TCHAC !

À MOI LA LÉGION! ILS ONT ATTAQUÉ NOTRE DÉCURION!

MAIS IL EST COMPLÈTEMENT FOU!

ILS PRENNENT N'IMPORTE QUI, MAINTENANT! ON DEVRAIT LE RÉFORMER CE GARS-LÀ!

A L'ATTA...

TONK! TONK! TONK!

BONG!

PAF! PAF! PAF!

QU'EST-CE QUE ÇA VEUT DIRE DE CRIER ET DE BOUSCULER LES GENS COMME ÇA, HMM? QU'EST-CE QUE ÇA VEUT DIRE, HMM?

BEN, ET MOI ALORS?

VOUS EN VOULEZ UN PEU?

JE PEUX?

LÀ OÙ IL Y EN A POUR UN, IL Y EN A POUR DEUX.

POC!

TRÈS GENTIL!

GRÂCE AUX NOUVEAUX RENFORTS, LA BATAILLE REDOUBLE D'INTENSITÉ...

MAIS LAISSEZ-NOUS! MAIS LAISSEZ-NOUS!

NOUS SOMMES LÀ POUR FAIRE CESSER CETTE ALTERCATION!

MAIS ÉCOUTEZ CE QU'ON VOUS DIT, AU LIEU DE TAPER COMME UN SOURD!..

CALVA

ALORS! QU'EST-CE QUE C'EST QUE TOUT CE BRUIT, PAR ODIN! ON NE PEUT MÊME PLUS MANGER TRANQUILLEMENT SON SANGLIER À LA CRÈME?

SANGLIER À LA CRÈME?

QUI ES-TU, PAR THOR, ET QUE FAIS-TU AVEC CARAF?

TU AS ENTENDU, ASTÉRIX? LE MIEN S'APPELLE CARAF. ET LE TIEN?

JE NE SAIS PAS, NOUS N'AVONS PAS ÉTÉ PRÉSENTÉS...

VEUX-TU LÂCHER BATHYSCAF IMMÉDIATEMENT, PAR ODIN?

AH! ENCHANTÉ.

QUI ÊTES-VOUS?

D'ABORD, QUI ES-TU, TOI-MÊME?

JE SUIS GROSSEBAF! CHEF NORMAND!

CES NOMS! CES NOMS! HMMMMMHIHIHIHI!

OBÉLIX! VEUX-TU! TU VAS FINIR PAR LE VEXER! C'EST SUSCEP-TIBLE UN TOURISTE, TU SAIS! ET LA POLITESSE GAULOISE...

VOU-LEZ-VOUS-ME-DIRE-CE-QUE-VOUS-ÊTES-VE-NUS-FAIRE-ICI??

TE POSER QUELQUES QUESTIONS!

POF! POF! POF! POF!

OUI, COMMENT FAITES-VOUS LE SANGLIER À LA CRÈME?

EH BIEN, ON PREND DE LA CRÈME ET ON FAIT COMME POUR LES FRAISES. MAIS À LA PLACE DES FRAISES, ON PREND UN SAN...

VOUS N'ÊTES TOUT DE MÊME PAS VENUS ATTAQUER LES PLUS REDOUTABLES GUERRIERS DU MONDE CONNU POUR DIS-CUTER DE RECETTES DE CUISINE, NON?!?

NOUS AVONS DES CHOSES PLUS IMPORTANTES À TE DEMANDER.

BON! ENTREZ DANS MA TENTE. VOUS AUTRES, LÀ-BAS!... CESSEZ DE FAIRE DU BRUIT!

PAF! BING!

C'EST ÇA! ON NE VA PAS VOUS DÉRANGER PLUS LONGTEMPS... ON RENTRE...

ON PREND CONGÉ...

ON FILE À LA BRETONNE.

LES MEILLEURES CHOSES ONT UNE FIN...

CHUT! VOUS N'AVEZ PAS ENTENDU CE QU'A DIT VOTRE CHEF?

25

LA PATROUILLE RETOURNE AU CAMP, MISSION ACCOMPLIE...

ALORS? QUE SE PASSE-T-IL SUR LA PLAGE?

SUR LA PLAGE?

RIEN DU TOUT.

UNE PETITE ALGARADE ENTRE BAIGNEURS.

EH OUI, AVEC CE TEMPS ORAGEUX...

D'AILLEURS ON VA VOUS FAIRE UN RAPPORT EN TROIS EXEMPLAIRES...

PENDANT CE TEMPS, SOUS LA TENTE DU REDOUTABLE GROSSEBAF...

VOUS ÊTES-VOUS EMPARÉS DE GOUDURIX?

LE CHAMPION?

GRRRRR

LE CHAMPION?

?

LE CHAMPION SAIT BEAUCOUP DE CHOSES. QUAND IL NOUS LES AURA ENSEIGNÉES, NOUS PARTIRONS.

AH OUI! C'EST LE CHAMPION DE CETTE NOUVELLE DANSE LUTÉCIENNE... MAIS ÇA, JE PEUX VOUS L'APPREN- DRE AUSSI... JE SUIS TRÈS BON...

ON FAIT COMME ÇA... DADZIM! DADZOUM! DADZIM! DADZOUM!

ET PUIS COMME ÇA... DADZOUM! DADZIM! DADZOUM! DADZIM!

DIS! IL SE MOQUE DE MOI, TON COPAIN, À FAIRE LE GROTESQUE, COMME ÇA?

CLAC! CLAC!

CLAC! CLAC!

ARRÊTE, OBÉLIX. LES NORMANDS NE SONT PAS VENUS POUR APPRENDRE À DANSER.

ILS EN AURAIENT BIEN BESOIN, POURTANT! DIRE QUE JE SUIS GROTESQUE! ...BARBARE!

HIHIHIHI!

TU VIENS DE RÉAGIR COMME ASSURANCETOURIX, NOTRE BARDE!

BOH! C'EST MALIN!

DITES, VOUS DEUX! ÇA NE VOUS FERAIT RIEN DE VOUS OCCUPER UN PEU DE MOI?!?

26

30

EH BIEN, GROSSEBAF, EXPLIQUE-NOUS: DE QUOI NOTRE AMI GOUDURIX EST-IL CHAMPION?

COMME SI VOUS NE LE SAVIEZ PAS!

IL EST CHAMPION DE PEUR, PAR THOR! NOUS COMPTONS SUR LUI POUR NOUS ENSEIGNER LA PEUR...DE GRÉ OU DE FORCE!

???

CAR S'IL REFUSE, NOUS LE PRÉCIPITERONS DU HAUT D'UNE FALAISE, POUR LE VOIR VOLER!

SI TU VEUX MON AVIS, ASTÉRIX, ILS SONT...

LAISSE MOI RÉFLÉCHIR, OBÉLIX.

TOC! TOC! TOC

SI NOUS VOUS APPRENONS LA PEUR, VOUS NOUS RENDEZ NOTRE CHAMPION, ET VOUS PARTEZ?

OUI. NOUS NE SOMMES PAS VENUS FAIRE LA GUERRE. POUR ÇA, NOS DESCENDANTS S'EN CHARGERONT DANS QUELQUES SIÈCLES...

NOUS AVONS QUELQUE CHOSE DANS NOTRE VILLAGE QUI POURRA FAIRE L'AFFAIRE. MAIS IL FAUT ALLER LA CHERCHER.

27A

D'ACCORD! MAIS UN DE VOUS DEUX RESTERA EN OTAGE!...

ET SI L'AUTRE NE REVIENT PAS, NOUS BOIRONS DU CALVA DANS LE CRÂNE DE L'OTAGE!

BSSSBSSSBSSS

GRRRRR

MAIS POURQUOI IL FAUT QUE CE SOIT MOI QUI Y AILLE? TOI, TU VAS RIGOLER, TU POURRAS MANGER DU SANGLIER À LA CRÈME, TU AURAS DU CALVA PLEIN LA TÊTE, ET MOI...

NE DISCUTE PAS, OBÉLIX! CE N'EST PAS LE MOMENT!

CE N'EST PAS LE MOMENT, CE N'EST PAS LE MOMENT! AVEC ASTÉRIX, CE N'EST JAMAIS LE MOMENT!

LES CORVÉES, C'EST TOUJOURS POUR MOI...

BOMM!

HOUHOUHOU! HOUHOU!

TCHRRRRAAC!

TOUT LE MONDE PROFITE DE MA FAIBLESSE!

27B

SALUT OBÉLIX.!

HMFF.!

SNIF!

ÉLÈVEDELIX, OÙ EST ASSURANCETOURIX? IL N'EST PAS CHEZ LUI.

JE NE SAIS PAS OÙ IL EST, HEUREUSEMENT!

TU DEVRAIS ALLER DEMANDER AU CHEF, OBÉLIX.

IL CHERCHE LE BARDE!

OUI, JE L'AI TROUVÉ TOUT DRÔLE...

...ET SI JE NE TROUVE PAS ASSURANCETOURIX, ASTÉRIX ET GOUDURIX VONT AVOIR PLEIN DE CALVA DANS LE CRÂNE!

PAR TOUTATIS! ALLONS DANS SA HUTTE!

PEU APRÈS...

IL A EMPORTÉ TOUS SES INSTRUMENTS DE MUSIQUE ET PRESQUE TOUS SES VÊTEMENTS... IL EST VRAIMENT PARTI...

JE NE CROYAIS PAS QUE NOUS EN ARRIVERIONS UN JOUR À REGRETTER L'ABSENCE DE NOTRE BARDE... ET POURTANT C'EST LE PIRE DES BARDES!

EH OUI... CE SONT LES PIRES QUI S'EN VONT!

J'AI UNE IDÉE!

TOI, OBÉLIX?

IDÉFIX VA TROUVER NOTRE BARDE !

MAIS ENFIN, OBÉLIX...

NE LES ÉCOUTE PAS, IDÉFIX! FLAIRE! FLAIRE!

SNIF! SNIF!

POP!

POP!

VOUS AVEZ VU, HEIN? VOUS AVEZ VU? ET À SON ÂGE, HEIN?

SNIF! SNIF! SNIF! SNIF! SNIF!

MAIS DIS DONC, CE N'EST PAS TA RÉSERVE, ÇA, OBÉLIX?

SNIF! SNIF! GRRROAORRR!

BEN QUOI? JE LUI AI APPRIS À SUIVRE LES MENHIRS À LA TRACE, ALORS, IL SUIT LES MENHIRS. C'EST LOGIQUE.

DORÉNAVANT, TU FERAIS BIEN DE LUI APPRENDRE À SUIVRE LES BARDES!

OUAH! OUAH!

CARRIÈRE OBÉLIX

UN DES CHEVAUX DU VILLAGE A DISPARU!

SI ASSURANCETOURIX A PRIS UN CHEVAL, C'EST QU'IL A L'IN-TENTION D'ALLER LOIN!

JE SAIS! LE MONKIX! L'OLYMPIX! LUTÈCE! IL EST PARTI POUR LUTÈCE!

JE VAIS LE CHERCHER!

CE GARÇON DEVIENT VIF, PAR INSTANTS!

29

PENDANT QU'ASTÉRIX EST RETENU EN OTAGE PAR LES NORMANDS...

N'AIE PAS PEUR, GROSSEBAF. OBÉLIX VA SÛREMENT REVENIR.

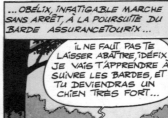
JE-N'AI-PAS-PEUR !!!

...OBÉLIX, INFATIGABLE MARCHE SANS ARRÊT, À LA POURSUITE DU BARDE ASSURANCETOURIX...

IL NE FAUT PAS TE LAISSER ABATTRE, IDÉFIX. JE VAIS T'APPRENDRE À SUIVRE LES BARDES, ET TU DEVIENDRAS UN CHIEN TRÈS FORT...

...CUEILLANT DES SANGLIERS AU PASSAGE, POUR TROMPER SA FAIM...

...AVEC MON CERVEAU ET AVEC TA FORCE, NOUS SERONS IMBATTABLES !

...ASSOMMANT, SANS RALENTIR SA COURSE, LES PATROUILLES ROMAINES QUI ONT LA MAUVAISE IDÉE DE SE TROUVER SUR SA ROUTE.

BON ! Y A QU'À LE LAISSER ALLER. SOL LUCET OMNIBUS, COMME ON DIT CHEZ NOUS...RETOURNONS FAIRE UN RAPPORT EN TROIS EXEMPLAIRES.

TOI, T'ES DEVENU UN VRAI GRATTE-MARBRE !

OOOOOH ! DU CALME ! DU CALME !... NE VOUS CABREZ PAS !... OOOOH !

?

NOUS AVONS CROISÉ UN HOMME DONT LES HURLEMENTS ONT AFFOLÉ MES BŒUFS !

TU VOIS, IDÉFIX ? NOUS SOMMES SUR LA PISTE. C'EST COMME ÇA QU'ON SUIT UN BARDE !

OUAIP ! J'AI VU PASSER UN CAVALIER, MAIS À EN JUGER PAR LA FAÇON DONT IL CHANTAIT, CE N'ÉTAIT SÛREMENT PAS UN BARDE !

OUI, IL EST PASSÉ PAR ICI. MÊME QUE LE LAIT A TOURNÉ JUSTE À CE MOMENT LÀ !

MEUHEUH !

ET PLUS LOIN...

LE CHEVAL D'ASSURANCE-TOURIX ! NOUS L'AVONS TROUVÉ ! TU VOIS IDÉFIX : IL N'Y A PAS DE DIFFÉRENCE ENTRE UN BARDE ET UN MENHIR !

CHEZ SELFSERVIX

ASSURANCETOURIX! C'EST NOUS! YOUHOU!

ASS...???

EUH...VOUS N'AVEZ PAS VU PASSER UN BARDE, PAR ICI, MONSIEUR...

SELFSERVIX, POUR VOUS SERVIR...OH, SI! OH SI! J'AI VU UN BARDE, PAR TOUTATIS!

IL A MANGÉ, ET COMME IL N'AVAIT PAS ASSEZ DE BRONZE, IL A PRO-POSÉ DE CHANTER POUR PAYER SON REPAS... QUAND IL A COM-MENCÉ À CHANTER, JE LUI AI DIT QU'IL ÉTAIT QUITTE...

MES CLIENTS LUI ONT MÊME OFFERT UN AUTRE REPAS POUR QU'IL SE TAISE...IL S'EST FÂCHÉ...IL Y A EU BAGARRE! SANGLOTS

IL M'A LAISSÉ SON CHEVAL POUR REMBOURSER LES DÉGÂTS...

SI ASSURANCETOURIX A L'INTENTION DE PAYER SON VOYAGE EN CHANTANT, IL N'IRA PAS LOIN!

LE VOILÀ!

ASSURANCETOURIX! YOUHOU! ATTENDS-NOUS!

HMM! BIEN SÛR! ILS NE PEUVENT PAS SE PASSER DE MOI AU VILLAGE! MAIS TANT PIS! IL FAUT QUE JE PENSE À MA CARRIÈRE!

31

35

ASSURANCETOURIX, JE VIENS TE CHERCHER POUR...

NON MÔSSIEU! VOUS NE COMPRENEZ RIEN À MON ART! DÉBROUILLEZ-VOUS SANS MOI! JE VAIS FAIRE LE MALHEUR DE LUTÈCE!

C'EST ASTÉRIX QUI M'ENVOIE! IL A BESOIN DE TOI!

BIEN QUE MUSICALEMENT PAS PLUS AVANCÉ QUE TOUS LES AUTRES, ASTÉRIX EST LE PLUS MALIN DE LA BANDE. IL N'A PAS BESOIN DE MOI!

...ET GOUDURIX EST EN DANGER!

GOUDURIX?

GOUDURIX? CE JEUNE HOMME AU GOÛT ARTISTIQUE SI SÛR? IL A DES ENNUIS?

IL EST PRISONNIER DES NORMANDS. ILS VEULENT LUI METTRE DU CALVA DANS LE CRÂNE...

AH, JE COMPRENDS! VOUS VOULEZ QUE J'AILLE CHARMER CES HOMMES DU NORD... EH BIEN SOIT! EN ROUTE!

?

JE VAIS COMMENCER PAR UNE TOURNÉE EN PROVINCE AVANT D'ATTAQUER L'OLYMPIX.

TOC! TOC! TOC!

UN MILIA PASSUUM À PIED, ÇA USE ÇA USE, UN MILIA PASSUUM À PIED, ÇA USE LES CALIGAS...

EUH... ASSURANCETOURIX... TU NE POURRAIS PAS MARCHER EN SILENCE?... C'EST À CAUSE D'IDÉFIX, IL ...

RIEN DU TOUT! SI ON VEUT DE MOI, JE CHANTERAI! DERNIER AVERTISSEMENT!

DEUX MILIA PASSUUM À PIED, ÇA USE, ÇA USE...

ALLONS, ALLONS! UN CHIEN COURAGEUX ÇA NE PLEURE PAS, IDÉFIX! TU VEUX QU'OBÉLIX SOIT FIER DE TOI, NON?

BOUHOU HOUOU!

EN TOUT CAS, L'USAGE DE L'AVERTISSEUR LIBÈRE LA ROUTE DEVANT NOS DEUX GAULOIS...

ÉCARTEZ-VOUS! MES BŒUFS SONT EMBALLÉS!...

...DONT UN, AVANT DE FAIRE TOURNER LA TÊTE DE SES ADMIRATEURS, FAIT TOURNER LE LAIT.

MEUH!

VANDALES!

...ÇA USE LES CALIGAS! TROIS MILLE DEUX CENT QUARANTE SIX MILIA PASSUUM...

36

DANS LE CAMP DES NORMANDS, LES CHOSES SE GÂTENT...

EXCELLENTES, CES SAUCISSES À LA CRÈME!

ASSEZ, PAR THOR!

BANG!

ON SE MOQUE DE MOI! JE NE VEUX PLUS ATTEN-DRE! LES OTAGES SERONT EXÉCUTÉS!... QUE L'ON AILLE CHER-CHER LE CHAMPION SUR LE DRAKKAR!!!

LE DRAKKAR?

C'EST COMME ÇA QUE NOUS APPELONS NOS BATEAUX.

AH, C'EST DONC ÇA UN DRAKKAR DE TOURISTES.

ENCHAÎNEZ CELUI-CI, ET EMMENEZ-LE AVEC L'AUTRE SUR LA FA-LAISE!

PEU APRÈS...

JE NE SAIS PAS CE QUI A PU RETARDER OBÉLIX, MAIS TU DEVRAIS ATTENDRE ENCORE UN PEU...

NON! POUR VOUS DEUX, LE PREMIER SERVICE A SONNÉ AU BANQUET D'ODIN!

MAIS AVANT, DANS UN BUT PUREMENT DIDACTIQUE, NOUS ALLONS TE FAIRE VOLER PAR DESSUS LA FALAISE!

VOUS NE PRÉFÉ-REZ PAS QUE JE ME TRAÎNE À VOS GENOUX?

COURAGE, GOUDURIX! MONTRE À CES NORMANDS COMMENT TRÉPASSE UN GAULOIS!

EH BEN, ILS N'ONT PAS FINI DE RIGOLER!

ALORS VOILÀ... TU VOLES UN PEU PAR LÀ, À GAUCHE, ET PUIS APRÈS TU VAS...

NE VOUS INQUIÉTEZ PAS POUR L'ITINÉRAIRE, IL EST TOUT TROUVÉ!

33

GAULOIS, VOLE!

MAIS JAMAIS DE LA VIE!

OH MAIS NON! OH LÀ LÀ, NON! OH MAIS PAS DU TOUT!

ILS NE SONT PAS COOPÉRATIFS, TOUT DE MÊME...VOUS DEUX, LÀ!

À LA UNE...

OH NON, OH NON, OH NON!

À LA DEUX...

ET A LA TR...

UN INSTANT!

SI JE VOUS FAIS PEUR... VOUS...VOUS NE M'OBLIGEZ PLUS À SAUTER?...

BIEN SÛR QUE NON, C'EST NOUS QUI SAUTERONS!

BON. ALORS VOILÀ...JE VAIS VOUS FAIRE PEUR.

ENFIN CES GAULOIS SE DÉCIDENT À ÊTRE AUSSI RAISONNABLES QUE NOUS. VENEZ, VOUS AUTRES!

VOILÀ. JE VAIS VOUS RACONTER UNE HISTOIRE TERRIBLE D'OGRES QUI TUENT DES TAS...

TIENS, ÇA ME RAPPELLE LA FOIS OÙ J'AI ASSOMMÉ 24 ENNEMIS, PARCE QUE JE VOULAIS FAIRE CADEAU D'UN SERVICE COMPLET DE CRÂNES À UN AMI QUI SE MARIAIT...

...MAIS IL N'A PAS ÉTÉ CONTENT, PARCE QUE TOUS LES COPAINS AVAIENT EU LA MÊME IDÉE. AVEC TOUS CES CRÂNES, IL NE SAVAIT PLUS OÙ DONNER DE LA TÊTE!

HIIIII HI! HI! HI! HI! HI!

HO!

HO!

HO! HO! HO! HO! HO

BOUH!

?

AAAAAARRRGHH!

AAAAH!

TU NE M'AIDES PAS ASTÉRIX! CES GRIMACES ÉTAIENT SENSÉES LEUR FAIRE PEUR!

HI!HI!HI!

À LA MAISON, QUAND JE FAISAIS CES GRIMACES, MA PETITE SŒUR AVAIT TRÈS PEUR, ET...

TU SAIS, LES PETITES SŒURS, C'EST EN GÉNÉRAL PLUS CRAINTIF QUE LES GROS BARBARES.

BON. ASSEZ RI, MAINTENANT. PASSONS AUX CHOSES SÉRIEUSES. TU VAS NOUS FAIRE TA DÉMONSTRATION DE VOL.

DACTILOGRAF ET STÉNOGRAF! VENEZ LE CONDUIRE JUSQU'AU POINT D'ENVOL!

ÇA VA?

OH, QUE J'AI PEUR!

PARFAIT! IL EST EN BONNES CONDITIONS DE VOL. IL PEUT DÉCOLLER?

CLACLACLACLAC!

AFFIRMATIF. AUTORISATION ACCORDÉE. JE RÉPÈTE, AFFIRMATIF, AUTORISATION...

UN INSTANT! GNGNGNGN!

TCHAC!

NOUS NE NOUS RENDRONS PAS SANS COMBATTRE!

A L'ATTAQUE, GOUDURIX!

35

N'ENDOMMAGEZ PAS LE CHAMPION! OCCUPEZ-VOUS SEULEMENT DU PETIT GAULOIS, PAR THOR!

LÂCHEZ-LE! LÂCHEZ-LE J'AI DIT! VOULEZ-VOUS LE LÂCHER?

BONG! BONG! BONG! BONG!

IL EST QUAND MÊME TERRIBLE CE PETIT GUERRIER GAULOIS!

?

TIENS? JE NE SAVAIS PAS QU'IL Y AVAIT DE L'ÉCHO PAR ICI...

!

YOUHOU!... C'EST NOUS, ASTÉRIX!

41

NORMANDS! NOTRE BARDE, ASSURANCETOURIX, VA SE PRODUIRE DEVANT VOUS POUR LA PREMIÈRE FOIS!

QUELQUE CHOSE ME DIT QUE ÇA VA ÊTRE LA DERNIÈRE AUSSI!

HAHAHAHAHA

VAS-Y, ASSURANCETOURIX! MONTRE-LEUR CE QUE TU SAIS FAIRE!

LA SALLE EST UN PEU FROIDE... JE ME VAIS TE CHAUFFER ÇA...

PTOIIIING!
TOIIING!

J'AIME LA GAULE, LA CERVOISE, TOUTATIS ET LES FEMMES, LES FEMMES, LES FEMMES QUI ONT LES YEUX BLEUS...

ÇA BALANCE! ÇA BALANCE! OH, OUI!

OOOOH!

OH LÀ LÀ!

OUILLE OUILLE!

AÏE AÏE AÏE!

38

42

PEUR ?... J'AI PEUR ?... NOUS AVONS PEUR ?

ÇA Y EST! NOTRE VOYAGE D'ÉTUDE EST UN SUCCÈS! NOUS CONNAISSONS LA PEUR! MAINTENANT, LES NORMANDS CONNAISSENT TOUT! **TOUT!**

PAR ODIN ET PAR THOR!

MERCI GAULOIS! MERCI! JE NE SAIS PAS COMMENT TE DIRE...

N'AYONS PAS PEUR DES MOTS!

UN INSTANT!

QU'EST-CE QUE JE DEVIENS, MOI, DANS TOUT ÇA? JE N'Y COMPRENDS RIEN À VOS HISTOIRES, MAIS, JE CONTINUE MON RÉCITAL OU PAS? IL NE FAUT PAS LAISSER REFROIDIR LA SALLE!

CE N'EST PLUS LA PEINE! C'EST UNE RÉUSSITE! UN TRIOMPHE! UN SUCCÈS SANS PRÉCÉDENT!

OH OUI?

EXTRA! GÉNIAL! SUPER-SUPER DÉMENT!

ÇA VEUT DIRE QUE C'EST BIEN?

FOR-MI-DABLE!

OH, VOUS SAVEZ, JE N'AI PAS DE MÉRITE. AVEC UN PUBLIC COMME CELUI-LÀ, ON A L'IMPRESSION DE CHANTER POUR DES COPAINS!

SI J'AVAIS UN MORCEAU DE MARBRE, JE TE DEMANDERAIS D'Y GRAVER TON AUTOGRAPHE!

OUI?

MAIS NON! PERSONNE NE T'A SONNÉ, AUTOGRAF!

ET TOI, MON BON OBÉLIX, QU'EN PENSES-TU?

PARDON?

?

COMMENT T'EXPRIMER MA RECONNAISSANCE, GAULOIS?

EH BIEN, NORMAND, REMONTE AVEC TES HOMMES SUR TON BATEAU, ET QU'ON NE VOUS REVOIE PLUS PENDANT QUELQUES SIÈCLES!

C'EST ENTENDU. J'AI HÂTE D'ÊTRE DE RETOUR CHEZ MOI POUR FAIRE DES CONFÉRENCES... MAIS AVANT, JE VEUX FAIRE QUELQUE CHOSE POUR VOUS. COMME ÇA NOUS EN SERONS QUITTES POUR LA PEUR...

POUR VOUS REMERCIER SELON LA TRADITION NORMANDE, NOUS ALLONS VOUS OFFRIR UN GRAND FESTIN...

NE VOUS DONNEZ PAS CE MAL; VOTRE DÉPART NOUS SUFFIT. PARTIR, C'EST NOURRIR UN PEU.

ON VA TOUS VOUS MASSACRER, ET VOUS ENVOYER AU BANQUET D'ODIN! VOUS GOÛTEREZ LE FIN DU FIN DE LA CUISINE NORMANDE...

DE LA CRÈME À LA CRÈME!

AH, ET PUIS EN VOILÀ ASSEZ! CE N'EST PAS UN PEU FINI, NON? CE N'EST PAS UN PEU FINI?

ON VA S'EXPLIQUER UNE BON-NE FOIS POUR TOUTE, ET VOUS ALLEZ REPRENDRE VOTRE BATEAU...ET, MERGITUR OU PAS, FLUCTUAT! COMPRIS! FLUCTUAT!

?

EH, EH! JE CROIS QUE NOTRE LUTÉ-CIEN A APPRIS LE COURAGE!

NON, MAIS SANS BLAGUE! ON NE S'EN SORTIRA JAMAIS, À LA FIN!

ILS ONT OSÉ REFUSÉ UNE OFFRE DE NORMAND?!?

GOUDURIX A RAISON! ILS SONT AGAÇANTS!

PARDON?

AGAÇANTS!

BIEN SÛR QUE C'EST AGAÇANT, QU'IL EST BÊTE! T'AS QU'À FAIRE COMME MOI ET METTRE DU PERSIL DANS LES OREILLES QUAND IL CHANTE!

SOUPIR

A L'ATTAQUE, NORMANDS!

JE ME DEMANDE SI JE N'AI PAS UN PEU TROP CHAUFFÉ LA SALLE.

ALLEZ! QU'Y-Z-Y VIENNENT! QU'Y-Z-Y VIENNENT!

ON VA SE BATTRE? VRAI? MAIS POURQUOI?

JE T'EXPLIQUERAI APRÈS, POURQUOI NOUS COMBATTONS.

SNIF! SNIF!

POP!

POP!

QU'Y-Z-Y VIENNENT! QU'Y-Z-Y VIENNENT!

POUR MON PROCHAIN RÉCITAL, IL FAUDRA UN SERVICE D'ORDRE!

BONG! BING! TCHRAC! BAONG! PAF! GRRRRR

NON!

QUOI, NON?

VOUS RECULEZ, NORMANDS? C'EST BIEN LA PREMIÈRE FOIS!

MAIS C'EST VRAI, ÇA! QU'EST-CE QU'ILS ONT, ASTÉRIX?

ILS ONT PEUR, PAR TOUTATIS! GRÂCE À NOUS, ILS SAVENT CE QUE C'EST!

LA PEUR... C'EST VRAI!

MAMAN!

SAUVE QUI PEUT!

ALLONS REVOIR NOTRE NORMANDIE!

PUISQUE MAINTENANT NOUS SAVONS VOLER, FUYONS À TIRE D'AILE!

ÇA SE BALANCE! ÇA SE BALANCE! OH OUI!

QU'Y-Z-Y VIENNENT! QU'Y-Z-Y VIENNENT!

MAIS QU'EST-CE QUI S'EST PASSÉ ASTÉRIX?

EN TOUT CAS, ILS SAURONT QU'EN GAULE, TOUT FINIT PAR DES CHANSONS!

C'EST LE MOMENT, ASSURANCETOURIX! UN PETIT CHANT POUR SALUER LE PUBLIC QUI S'EN VA!

ET TOUT ÇA, ÇA FAIT D'EXCELLENTS GAULOIS!...

TZIUNG! DZONG! DZING! TOUT...

42

LES NORMANDS SONT SOLIDES, ET, APRÈS LEUR BAPTÊME DE L'AIR, AUSSI BREF QUE RAPIDE, ILS PARVIENNENT À REJOINDRE LEUR NAVIRE...

MAIS À BORD DU DRAKKAR, L'AM-BIANCE A SINGULIÈREMENT CHANGÉ...

MATAF! VA PRENDRE TON POSTE DE VIGIE, LÀ-HAUT!

C'EST QUE...

C'EST QUE?...

C'EST QUE J'AI PEUR, TOUT SEUL, LÀ HAUT.

MONTE!

OUI CHEF!

TCHIC!

AAAAAH!

CHEF!

NE T'APPROCHE PAS COMME ÇA, SANS BRUIT! TU M'AS FAIT PEUR! QUE VEUX-TU?

CE SONT LES HOMMES, CHEF... ILS VOUS DEMANDENT DE NE PLUS HURLER COMME ÇA... VOUS LEUR FAITES PEUR.

JE CROIS QUE NOTRE VOYAGE A UN PEU TROP BIEN RÉUSSI...

SCRITCH! SCRITCH!

MAIS POUR CE QUI EST DE VOLER...

MATAF! VOLE UN PEU!

OUI CHEF!

SPLATCH!

VOUS... VOUS CROYEZ QU'ON S'EST FAIT ROULER, CHEF?

P'TÊT BEN QU'OUI, P'TÊT BEN QU'NON... EN TOUT CAS, À L'AVENIR, FAUDRA ÊTRE MÉFIANTS!

43

NOS AMIS SONT REVENUS DANS LEUR VILLAGE, OÙ ILS ONT ÉTÉ REÇUS EN TRIOMPHATEURS...

QU'Y-Z-Y VIENNENT! NON MAIS QU'Y-Z-Y VIENNENT ENCORE!

JE SAVAIS QUE JE POUVAIS COMPTER SUR TOI, ASTÉRIX!

OUI, ABRARACOURCIX, NOTRE CHEF! TON NEVEU EST DEVENU UN VRAI GAULOIS, COURAGEUX!

OBÉLIX A PRIS EN MAIN L'ÉDUCATION DE GOUDURIX...

JE VAIS T'APPRENDRE À CHASSER... NOUS COMMENCERONS PAR LES MARCASSINS, ET PUIS ENSUITE, NOUS PASSE-RONS AUX PATROUILLES ROMAINES, ET ENFIN AUX SANGLIERS!

NOTRE BARDE, COMME TOUTE VEDETTE, NE SE LASSE PAS DE RACONTER SES SUCCÈS...

TU LES AURAIS VUS! ILS TRÉPIGNAIENT! ILS SE PRÉCIPITAIENT VERS MOI, ILS SAUTAIENT!

TU DEVRAIS PARTIR LOIN, LOIN... À LUTÈCE ET CHEZ LES AUTRES BARBARES!...

PANORAMIX, NOTRE DRUIDE, CROIS-TU QUE C'ÉTAIT UNE BONNE IDÉE POUR LES NORMANDS DE VOULOIR CONNAÎTRE LA PEUR?

MAIS CERTAINEMENT, ASTÉRIX!

C'EST EN CONNAISSANT LA PEUR QUE L'ON DEVIENT COURAGEUX. LE VRAI COURAGE, C'EST DE SAVOIR DOMINER SA PEUR!

ET, EN EFFET, LES NORMANDS ONT SU COMBATTRE LA PEUR, ET LA VAINCRE. ILS SONT RESTÉS BRAVES ET LEURS PLACES SONT TOUJOURS RÉSERVÉES AU BANQUET D'ODIN!

MAIS JE LEUR AI SIMPLE-MENT DEMANDÉ SI C'ÉTAIT LA BONNE ROUTE!!!

ILS NOUS ONT FAIT UNE ÉPONSE DE NO'MAND!

LES VACANCES, DANS LA VIVIFIANTE ARMORIQUE, SONT TERMINÉES; LE MOMENT EST VENU POUR GOUDURIX, DE RETOURNER À LUTÈCE. UN GRAND BANQUET D'ADIEU LUI EST OFFERT, BANQUET AUQUEL ASSURANCETOURIX EST CONVIÉ. CAR, C'EST TOUT DE MÊME GRÂCE À NOTRE BARDE, QUE TOUT EST BIEN QUI FINIT BIEN.

OH OUI!

UDERZO & GOSCINNY

fin de l'épisode

ILS SONT FOUS CES ROMAINS!

TCHAC!